HELLO
SUNSHINE
MY
GRATITUDE
JOURNAL

AF374173

notionpress
.com
INDIA · SINGAPORE · MALAYSIA

Copyright © Smruti Mirani & Shachi Bheda 2023
All Rights Reserved.

ISBN
Paperback 979-8-89066-772-4
Hardcase 979-8-89186-886-1

This book has been published with all efforts taken to make the material error-free after the consent of the author. However, the author and the publisher do not assume and hereby disclaim any liability to any party for any loss, damage, or disruption caused by errors or omissions, whether such errors or omissions result from negligence, accident, or any other cause.

While every effort has been made to avoid any mistake or omission, this publication is being sold on the condition and understanding that neither the author nor the publishers or printers would be liable in any manner to any person by reason of any mistake or omission in this publication or for any action taken or omitted to be taken or advice rendered or accepted on the basis of this work. For any defect in printing or binding the publishers will be liable only to replace the defective copy by another copy of this work then available.

Imagination is the beginning of creation.

- George Bernard Shaw

Big hugs from our creators

Shachi Bheda • Smruti Mirani • Toshal Panchal

Sampada Kale Mehendale (Illustrator)

This book belongs to

My age: _ _ _ _

This is how I look:

I am good at?

I want to be better at:

The
#1 Magic
of
Thankyou

The magic of thank you!

Date

Today I am thankful for...

Today I spread joy when...

Sketch Corner
Draw, doodle, scribble

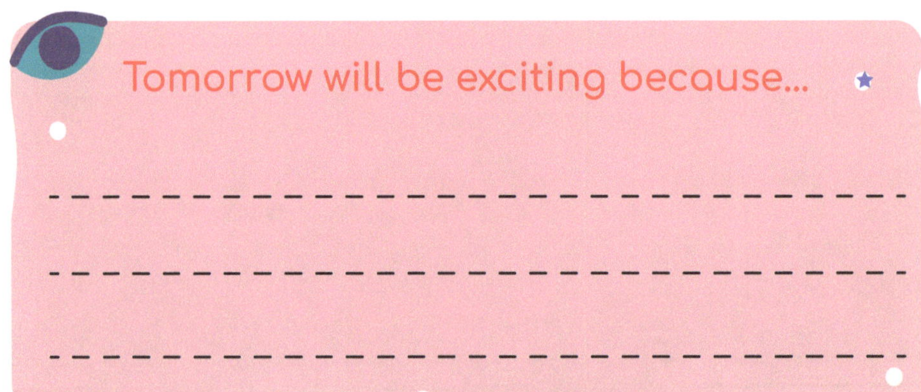

The magic of thank you!

Date

- - - - - -

Today I am thankful for...

- - - - - - - - - - - -

- - - - - - - - - - - -

- - - - - - - - - - - -

Today I spread joy when...

- - - - - - - -

- - - - - - - -

- - - - - - - -

Sketch Corner
Draw, doodle, scribble

Tomorrow will be exciting because...

- - - - - - - - - - - - - - -

- - - - - - - - - - - - - - -

- - - - - - - - - - - - - - -

The magic of thank you!

Date

Today I am thankful for...

Today I spread joy when...

Sketch Corner
Draw, doodle, scribble

Tomorrow will be exciting because...

Date

Sketch Corner
Draw, doodle, scribble

The magic of thank you!

Today I am thankful for...

- -

- -

- -

Today I spread joy when...

Sketch Corner
Draw, doodle, scribble

- - - - - - - - - - - - -

- - - - - - - - - - - - -

- - - - - - - - - - - - -

Tomorrow will be exciting because...

- -

- -

- -

The magic of thank you!

Date
- - - - - - -

Today I am thankful for...

- -

- -

- -

Today I spread joy when...

- - - - - - - - - - - - - - - - -

- - - - - - - - - - - - - - - - -

- - - - - - - - - - - - - - - - -

Sketch Corner
Draw, doodle, scribble

Tomorrow will be exciting because...

- -

- -

- -

The magic of thank you!

Date

- - - - - -

Today I am thankful for...

- - - - - - - - - - - - - - - - -

- - - - - - - - - - - - - - - - -

- - - - - - - - - - - - - - - - -

Today I spread joy when...

- - - - - - - - - - -

- - - - - - - - - - -

- - - - - - - - - - -

Sketch Corner
Draw, doodle, scribble

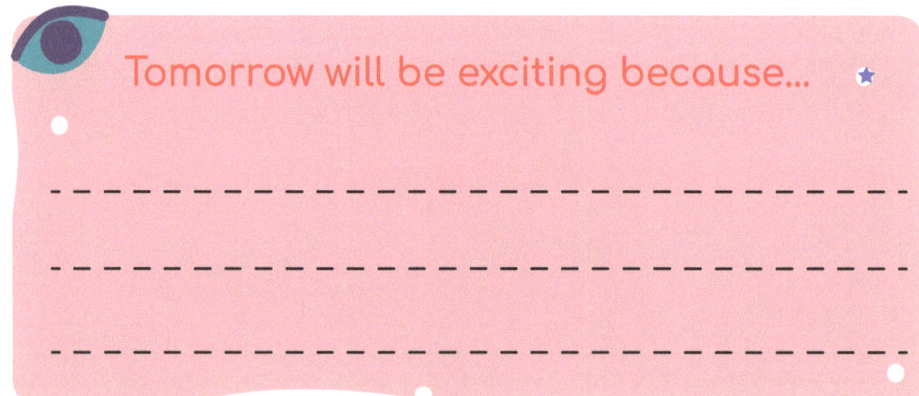

Sketch Corner

Draw, doodle, scribble

The magic of thank you!

Date

Today I am thankful for...

Today I spread joy when...

Sketch Corner
Draw, doodle, scribble

Tomorrow will be exciting because...

The magic of thank you!

Date

- - - - - - -

Today I am thankful for...

Today I spread joy when...

Sketch Corner
Draw, doodle, scribble

Tomorrow will be exciting because...

The magic of thank you!

Today I am thankful for...

Today I spread joy when...

Sketch Corner
Draw, doodle, scribble

Tomorrow will be exciting because...

The magic of thank you!

Today I am thankful for...

- -

- -

- -

Today I spread joy when...

- - - - - - - - - - - - -

- - - - - - - - - - - - -

- - - - - - - - - - - - -

Sketch Corner
Draw, doodle, scribble

Tomorrow will be exciting because...

- -

- -

- -

The magic of thank you!

Date
- - - - -

Today I am thankful for...

- -

- -

- -

Today I spread joy when...

- - - - - - - - - - - - -

- - - - - - - - - - - - -

- - - - - - - - - - - - -

Sketch Corner
Draw, doodle, scribble

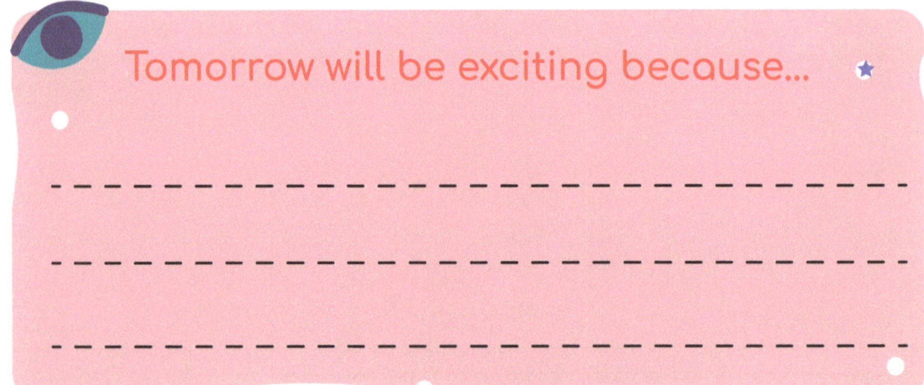

Tomorrow will be exciting because...

- -

- -

- -

The magic of thank you!

Today I am thankful for...

Today I spread joy when...

Sketch Corner
Draw, doodle, scribble

Tomorrow will be exciting because...

The magic of thank you!

Date

- - - - - - -

Today I am thankful for...

Today I spread joy when...

Sketch Corner
Draw, doodle, scribble

Tomorrow will be exciting because...

Sketch Corner
Draw, doodle, scribble

The magic of thank you!

Date
- - - - - - -

Today I am thankful for...

Today I spread joy when...

Sketch Corner
Draw, doodle, scribble

Tomorrow will be exciting because...

The magic of thank you!

Date
- - - - - - -

Today I am thankful for...

- -

- -

- -

Today I spread joy when...

- - - - - - - - - - - - - - -

- - - - - - - - - - - - - - -

- - - - - - - - - - - - - - -

Sketch Corner
Draw, doodle, scribble

Tomorrow will be exciting because...

- -

- -

- -

The magic of thank you!

Today I am thankful for...

Today I spread joy when...

Tomorrow will be exciting because...

The magic of thank you!

Today I am thankful for...

- - - - - - - - - - - - - - - - - - -

- - - - - - - - - - - - - - - - - - -

- - - - - - - - - - - - - - - - - - -

Today I spread joy when...

- - - - - - - - - - - -

- - - - - - - - - - - -

- - - - - - - - - - - -

Sketch Corner
Draw, doodle, scribble

Tomorrow will be exciting because...

- -

- -

- -

The magic of thank you!

Today I am thankful for...

Today I spread joy when...

Sketch Corner
Draw, doodle, scribble

Tomorrow will be exciting because...

The magic of thank you!

Date

- - - - - - - - 

Today I am thankful for...

- -

- -

- -

Today I spread joy when...

- - - - - - - - - - - - - - -

- - - - - - - - - - - - - - -

- - - - - - - - - - - - - - -

Sketch Corner
Draw, doodle, scribble

Tomorrow will be exciting because...

- -

- -

- -

The magic of thank you!

Today I am thankful for...

Today I spread joy when...

Sketch Corner
Draw, doodle, scribble

Tomorrow will be exciting because...

Sketch Corner

Draw, doodle, scribble

Happiness
is the only thing that
multiplies
when you share it

I am Thankful

A place I am thankful for

Colors I am thankful for

Food I am thankful for

A gift I am thankful for

The magic of thank you!

Today I am thankful for...

- -

- -

- -

Today I spread joy when...

- - - - - - - - - - - - - - - - - - - -

- - - - - - - - - - - - - - - - - - - -

- - - - - - - - - - - - - - - - - - - -

Sketch Corner
Draw, doodle, scribble

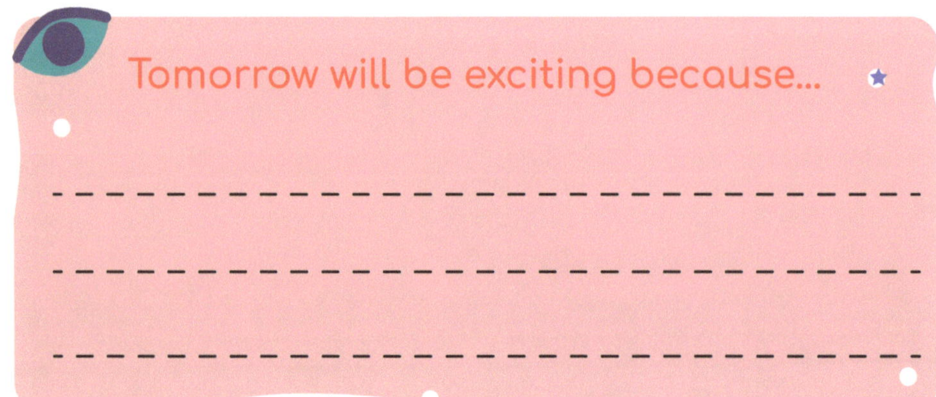

- -

- -

- -

The magic of thank you!

Today I am thankful for...

Today I spread joy when...

Sketch Corner
Draw, doodle, scribble

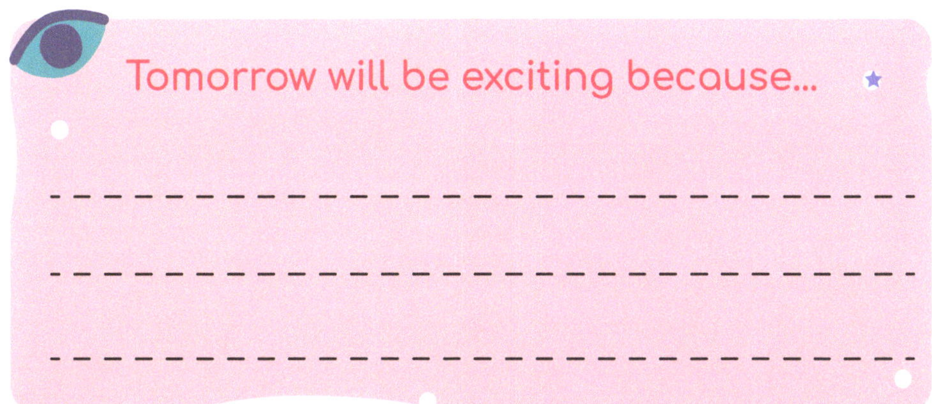

Tomorrow will be exciting because...

The magic of thank you!

Date
- - - - -

Today I am thankful for...

- -

- -

- -

Today I spread joy when...

- - - - - - - - - - - - - - - - -

- - - - - - - - - - - - - - - - -

- - - - - - - - - - - - - - - - -

Sketch Corner
Draw, doodle, scribble

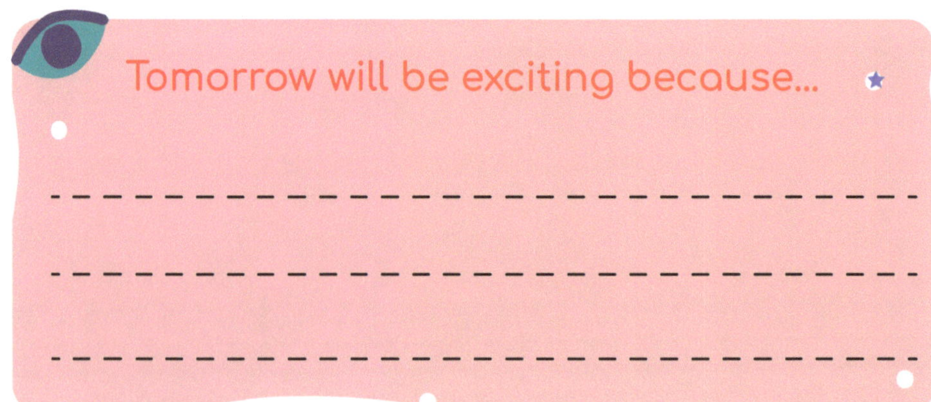

Tomorrow will be exciting because...

- -

- -

- -

The magic of thank you!

Date
- - - - - -

Today I am thankful for...

- -

- -

- -

Today I spread joy when...

- - - - - - - - - - - - - - - - -

- - - - - - - - - - - - - - - - -

- - - - - - - - - - - - - - - - -

Sketch Corner
Draw, doodle, scribble

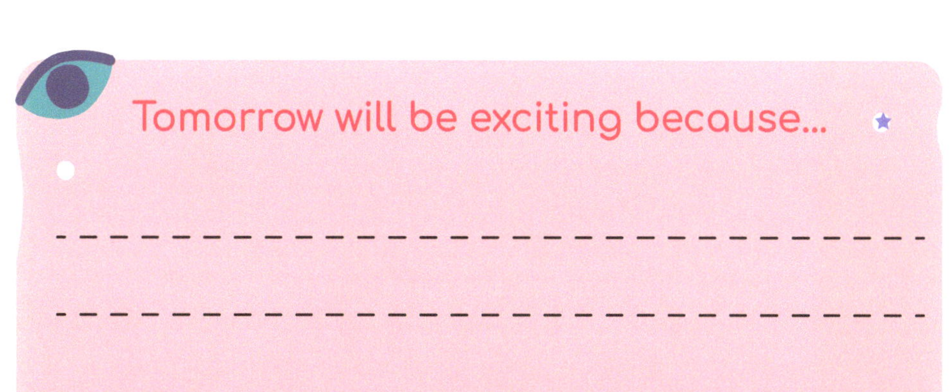

Tomorrow will be exciting because...

- -

- -

- -

The magic of thank you!

Today I am thankful for...

- -

- -

- -

Today I spread joy when...

- - - - - - - - - - - - - - - - - -

- - - - - - - - - - - - - - - - - -

- - - - - - - - - - - - - - - - - -

Sketch Corner
Draw, doodle, scribble

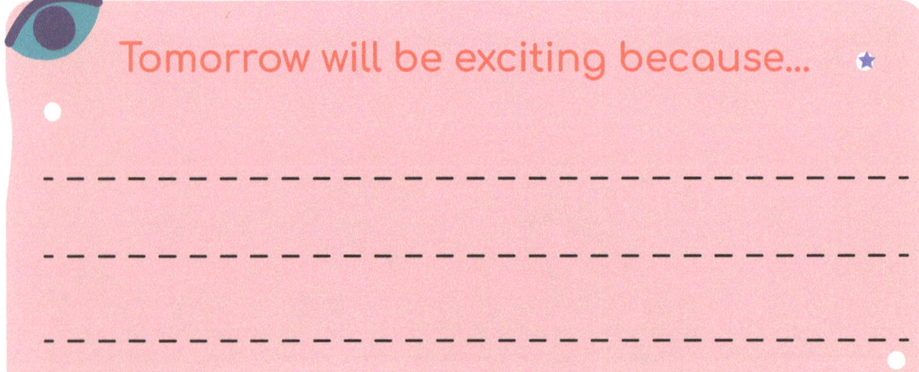

The magic of thank you!

Today I am thankful for...

- -

- -

- -

Today I spread joy when...

Sketch Corner
Draw, doodle, scribble

- - - - - - - - - - - - - - - - -

- - - - - - - - - - - - - - - - -

- - - - - - - - - - - - - - - - -

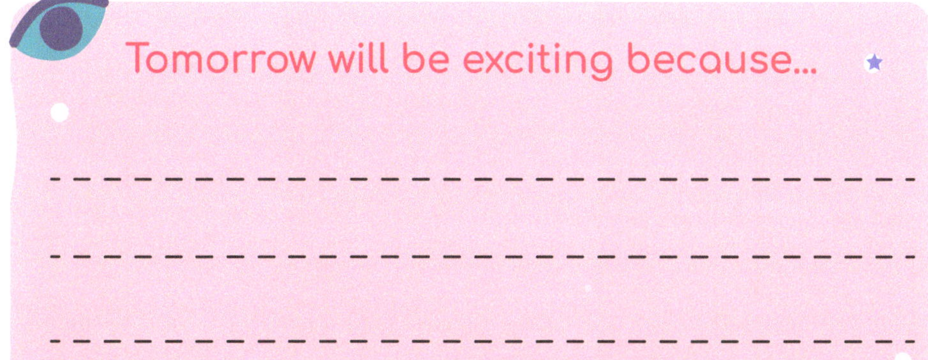
Tomorrow will be exciting because...

- -

- -

- -

The magic of thank you!

Today I am thankful for...

Today I spread joy when...

Sketch Corner
Draw, doodle, scribble

Tomorrow will be exciting because...

Sketch Corner
Draw, doodle, scribble

The magic of thank you!

Today I am thankful for...

Today I spread joy when...

Sketch Corner
Draw, doodle, scribble

Tomorrow will be exciting because...

The magic of thank you!

Date

Today I am thankful for...

Today I spread joy when...

Sketch Corner
Draw, doodle, scribble

Tomorrow will be exciting because...

The magic of thank you!

Date
_ _ _ _ _ _ _ _

Today I am thankful for...

_ _

_ _

_ _

Today I spread joy when...

_ _ _ _ _ _ _ _ _ _ _ _ _ _ _

_ _ _ _ _ _ _ _ _ _ _ _ _ _ _

_ _ _ _ _ _ _ _ _ _ _ _ _ _ _

Sketch Corner
Draw, doodle, scribble

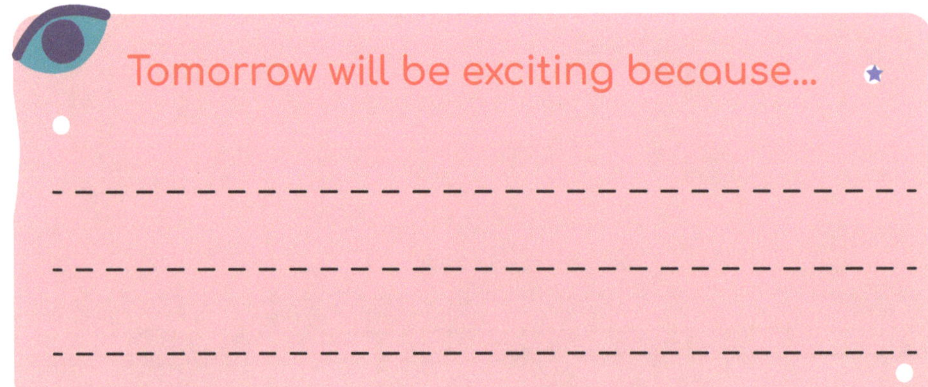

Tomorrow will be exciting because...

_ _

_ _

_ _

The magic of thank you!

Date
- - - - - - -

Today I am thankful for...

- - - - - - - - - - - - - - - - - - - -

- - - - - - - - - - - - - - - - - - - -

- - - - - - - - - - - - - - - - - - - -

Today I spread joy when...

- - - - - - - - - - -

- - - - - - - - - - -

- - - - - - - - - - -

Sketch Corner
Draw, doodle, scribble

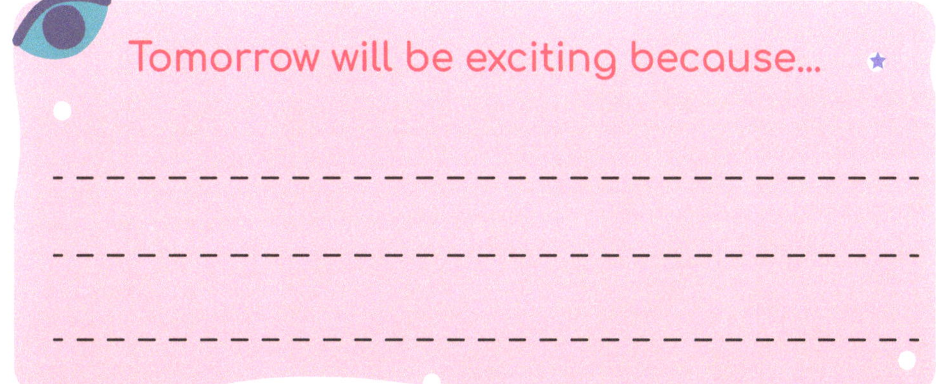

- - - - - - - - - - - - - - - - - - - -

- - - - - - - - - - - - - - - - - - - -

- - - - - - - - - - - - - - - - - - - -

The magic of thank you!

Date
- - - - - -

Today I am thankful for...

- - - - - - - - - - - - -

- - - - - - - - - - - - -

- - - - - - - - - - - - -

Today I spread joy when...

- - - - - - - - - - - - -

- - - - - - - - - - - - -

- - - - - - - - - - - - -

Sketch Corner
Draw, doodle, scribble

Tomorrow will be exciting because...

- - - - - - - - - - - - -

- - - - - - - - - - - - -

- - - - - - - - - - - - -

The magic of thank you!

Today I am thankful for...

- -

- -

- -

Today I spread joy when...

- - - - - - - - - - - - - - - - -

- - - - - - - - - - - - - - - - -

- - - - - - - - - - - - - - - - -

Sketch Corner
Draw, doodle, scribble

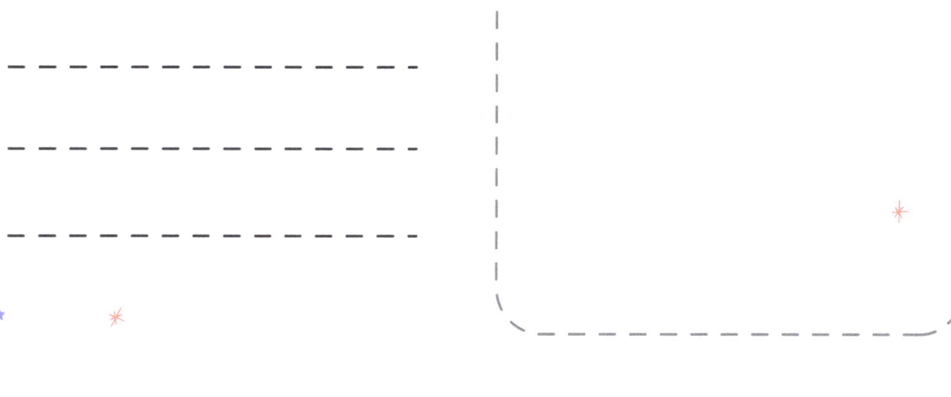

Tomorrow will be exciting because...

- -

- -

- -

The magic of thank you!

Today I am thankful for...

Today I spread joy when...

Sketch Corner
Draw, doodle, scribble

Tomorrow will be exciting because...

Sketch Corner
Draw, doodle, scribble

The magic of thank you!

Today I am thankful for...

Today I spread joy when...

Sketch Corner
Draw, doodle, scribble

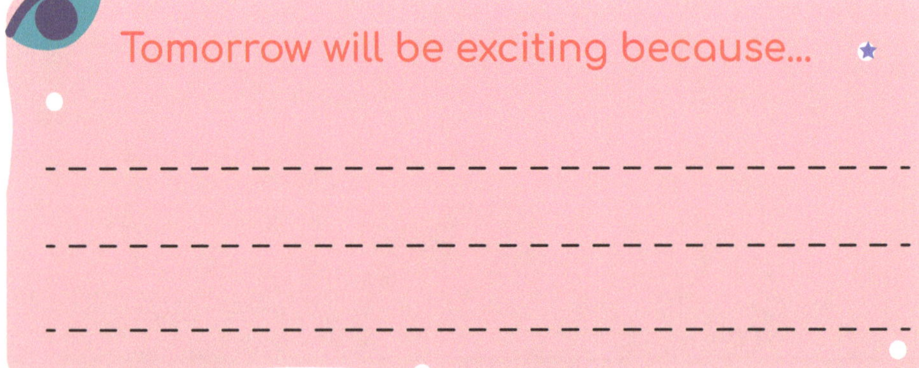

The magic of thank you!

Today I am thankful for...

- -

- -

- -

Today I spread joy when...

- - - - - - - - - - - - - - - - -

- - - - - - - - - - - - - - - - -

- - - - - - - - - - - - - - - - -

Sketch Corner
Draw, doodle, scribble

Tomorrow will be exciting because...

- -

- -

- -

The magic of thank you!

Date

Today I am thankful for...

Today I spread joy when...

Sketch Corner
Draw, doodle, scribble

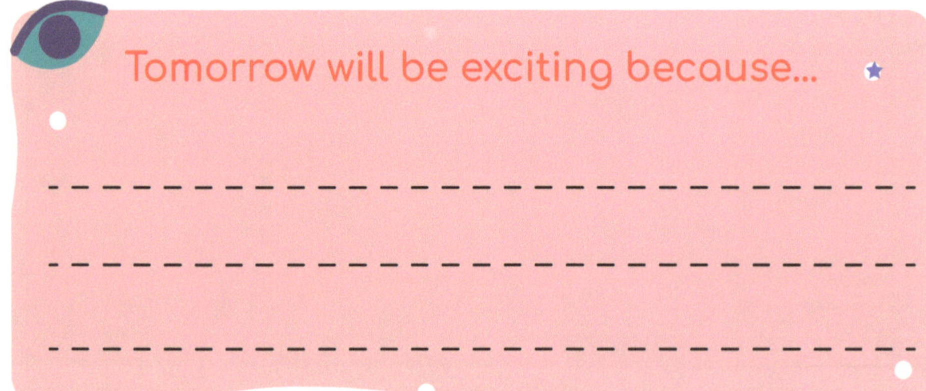

Tomorrow will be exciting because...

The magic of thank you!

Today I am thankful for...

Today I spread joy when...

Sketch Corner
Draw, doodle, scribble

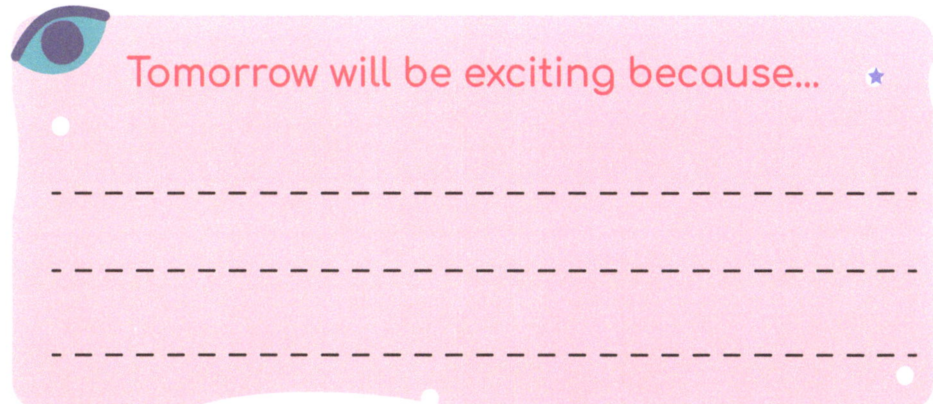

The magic of thank you!

Date

Today I am thankful for...

Today I spread joy when...

Sketch Corner
Draw, doodle, scribble

Tomorrow will be exciting because...

The magic of thank you!

Date
- - - - - - -

Today I am thankful for...

- - - - - - - - - - - - - - - - - -
- - - - - - - - - - - - - - - - - -
- - - - - - - - - - - - - - - - - -

Today I spread joy when...

- - - - - - - - - - - -
- - - - - - - - - - - -
- - - - - - - - - - - -

Sketch Corner
Draw, doodle, scribble

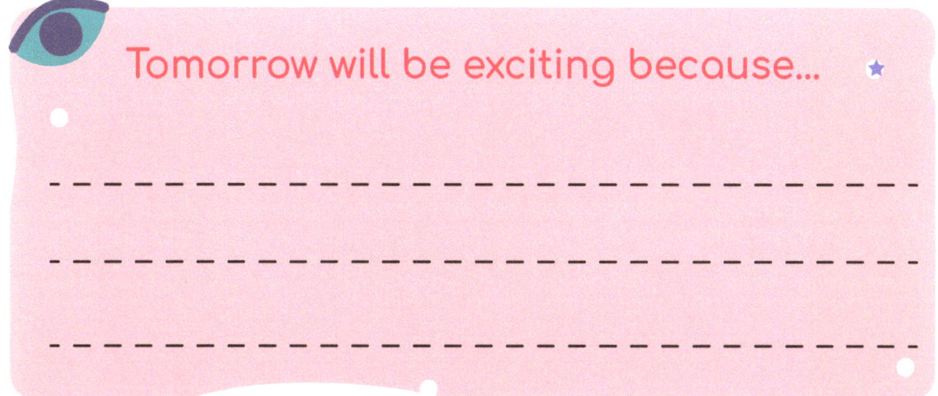

The magic of thank you!

Date
- - - - - - - -

Today I am thankful for...

- -

- -

- -

Today I spread joy when...

- - - - - - - - - - - - - - -

- - - - - - - - - - - - - - -

- - - - - - - - - - - - - - -

Sketch Corner
Draw, doodle, scribble

Tomorrow will be exciting because...

- -

- -

- -

Sketch Corner
Draw, doodle, scribble

Express
Thanks
Through
Action

I am
Amazing

I am
Brave

I am
Strong

The magic of thank you!

Today I am thankful for...

- -

- -

- -

Today I spread joy when...

- - - - - - - - - - - - - - -

- - - - - - - - - - - - - - -

- - - - - - - - - - - - - - -

Sketch Corner
Draw, doodle, scribble

Tomorrow will be exciting because...

- -

- -

- -

The magic of thank you!

Date

- - - - - - -

Today I am thankful for...

- - - - - - - - - - - - - - - -

- - - - - - - - - - - - - - - -

- - - - - - - - - - - - - - - -

Today I spread joy when...

- - - - - - - - - -

- - - - - - - - - -

- - - - - - - - - -

Sketch Corner
Draw, doodle, scribble

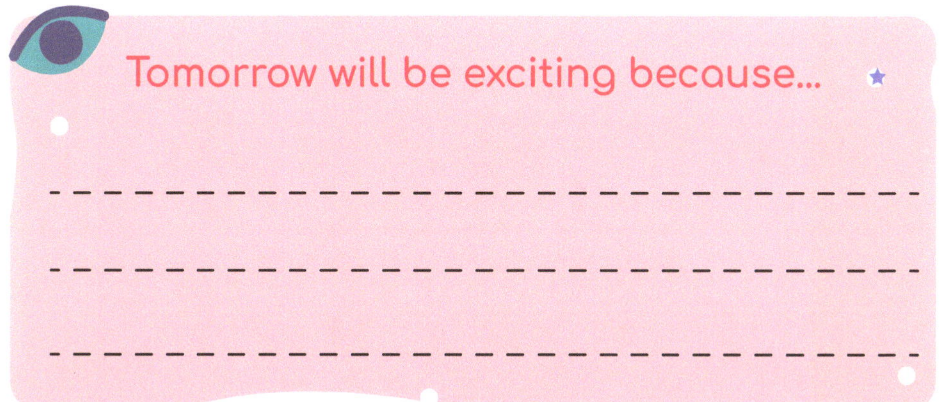

The magic of thank you!

Date

Today I am thankful for...

Today I spread joy when...

Sketch Corner
Draw, doodle, scribble

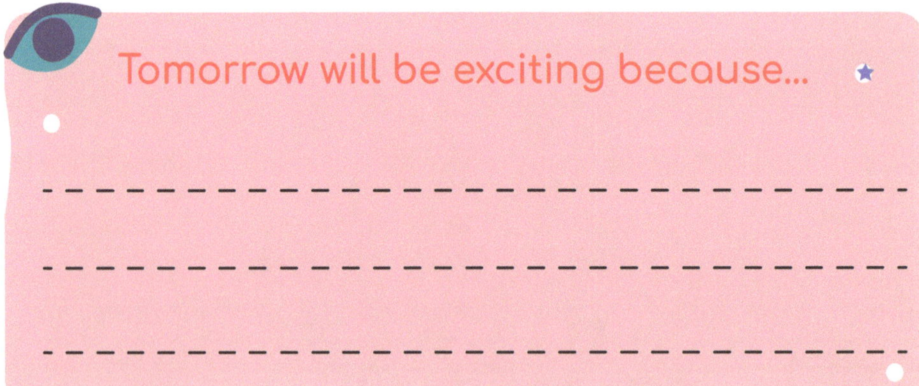

The magic of thank you!

Today I am thankful for...

- -

- -

- -

Today I spread joy when...

- - - - - - - - - - - - - - - - - -

- - - - - - - - - - - - - - - - - -

- - - - - - - - - - - - - - - - - -

Sketch Corner
Draw, doodle, scribble

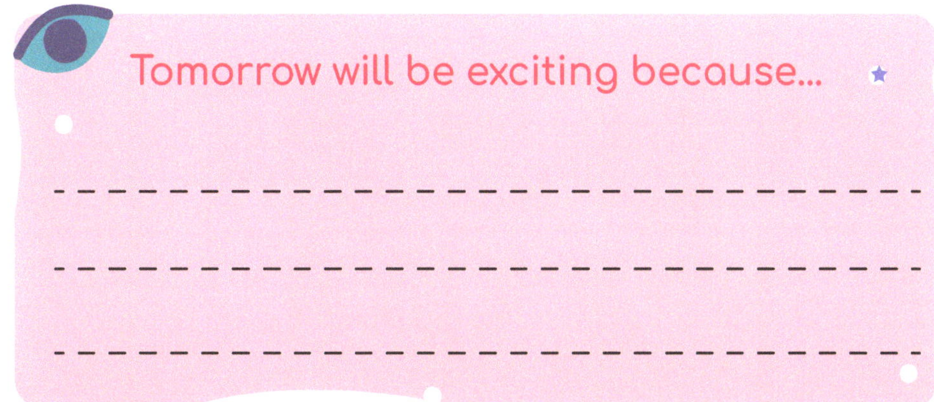

The magic of thank you!

Today I am thankful for...

Today I spread joy when...

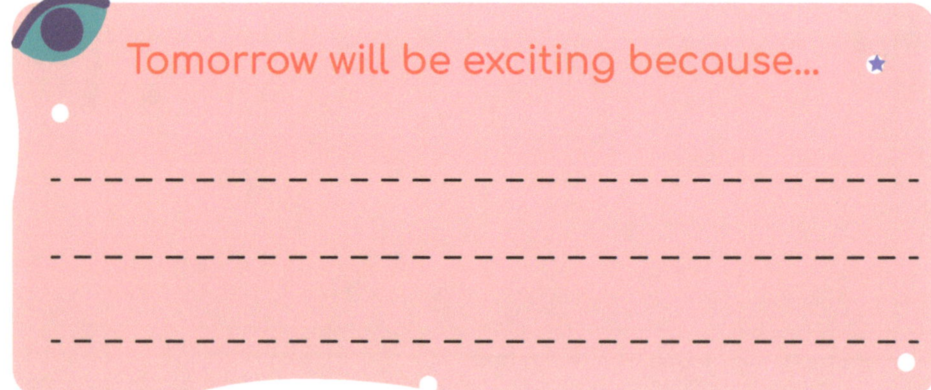

Tomorrow will be exciting because...

The magic of thank you!

Today I am thankful for...

- - - - - - - - - - - - - - - - - -

- - - - - - - - - - - - - - - - - -

- - - - - - - - - - - - - - - - - -

Today I spread joy when...

- - - - - - - - - - - - - - -

- - - - - - - - - - - - - - -

- - - - - - - - - - - - - - -

Sketch Corner
Draw, doodle, scribble

Tomorrow will be exciting because...

- -

- -

- -

The magic of thank you!

Today I am thankful for...

Today I spread joy when...

Sketch Corner
Draw, doodle, scribble

Tomorrow will be exciting because...

Sketch Corner
Draw, doodle, scribble

The magic of thank you!

Today I am thankful for...

\- -

\- -

\- -

Today I spread joy when...

\- -

\- -

\- -

Sketch Corner
Draw, doodle, scribble

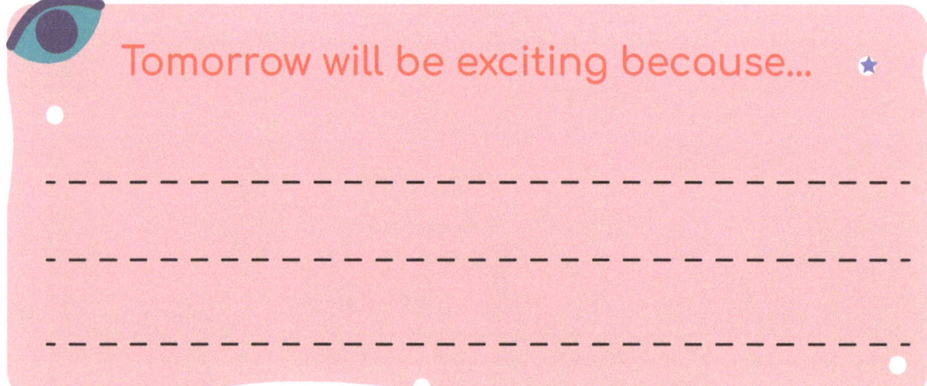

The magic of thank you!

Today I am thankful for...

- -

- -

- -

Today I spread joy when...

- - - - - - - - - - - - - - -

- - - - - - - - - - - - - - -

- - - - - - - - - - - - - - -

Sketch Corner
Draw, doodle, scribble

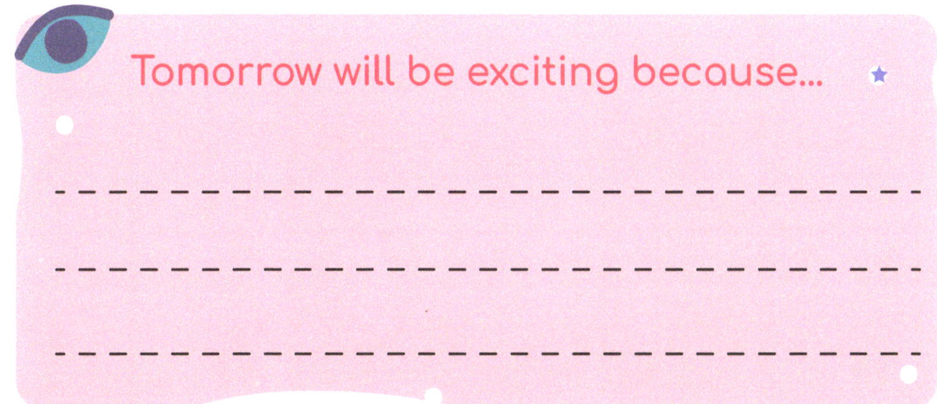

The magic of thank you!

Date
- - - - - - -

Today I am thankful for...

- -

- -

- -

Today I spread joy when...

- -

- -

- -

Sketch Corner
Draw, doodle, scribble

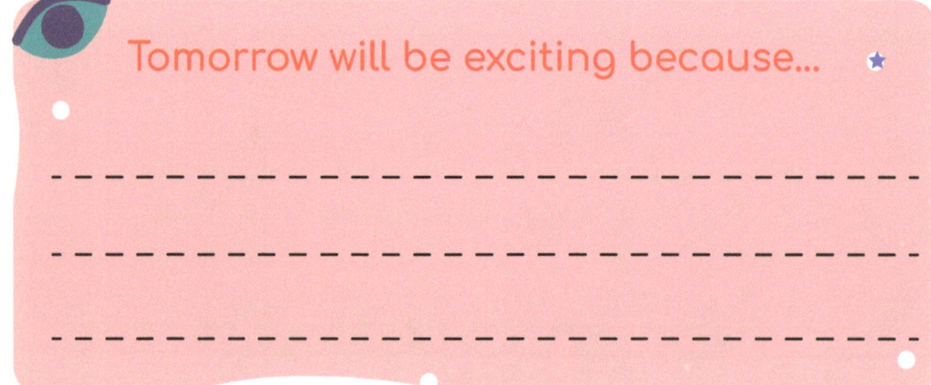

The magic of thank you!

Date
— — — — — — —

Today I am thankful for...

— — — — — — — — — — — — — — — — — —

— — — — — — — — — — — — — — — — — —

— — — — — — — — — — — — — — — — — —

Today I spread joy when...

— — — — — — — — — — — —

— — — — — — — — — — — —

— — — — — — — — — — — —

Sketch Corner
Draw, doodle, scribble

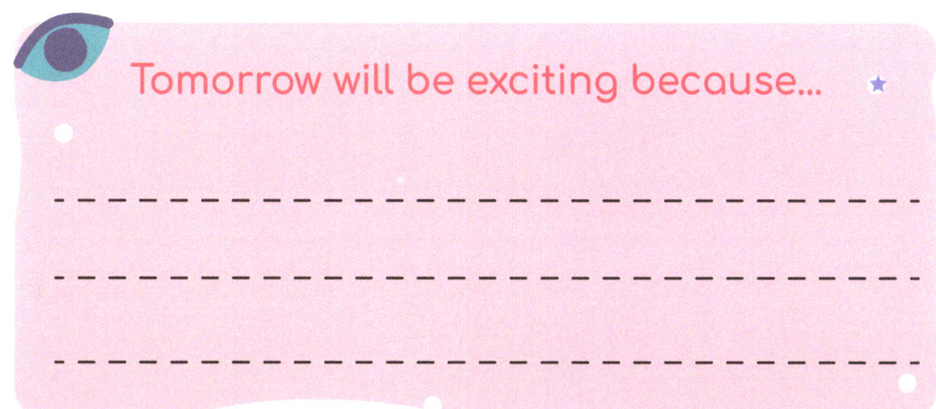

Tomorrow will be exciting because...

— — — — — — — — — — — — — — — — — — — —

— — — — — — — — — — — — — — — — — — — —

— — — — — — — — — — — — — — — — — — — —

The magic of thank you!

Today I am thankful for...

Today I spread joy when...

Sketch Corner
Draw, doodle, scribble

Tomorrow will be exciting because...

The magic of thank you!

Today I am thankful for...

- -

- -

- -

Today I spread joy when...

- - - - - - - - - - - - - - - -

- - - - - - - - - - - - - - - -

- - - - - - - - - - - - - - - -

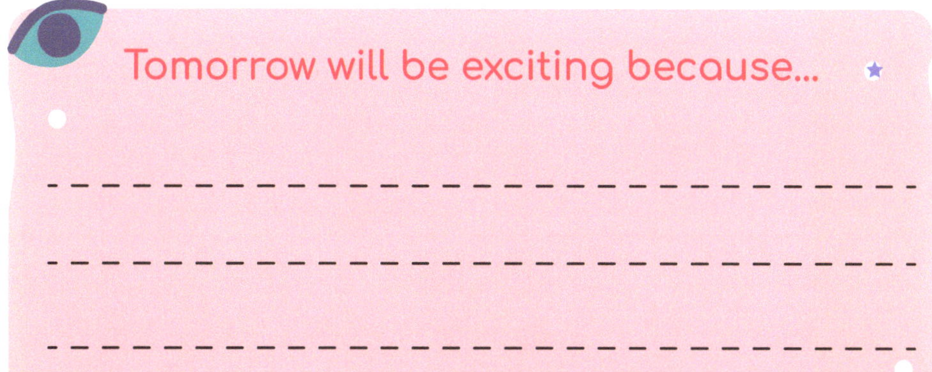

- -

- -

- -

The magic of thank you!

Today I am thankful for...

Today I spread joy when...

Sketch Corner
Draw, doodle, scribble

Tomorrow will be exciting because...

THERE IS always
something to be
THANKFUL FOR

Dear _ _ _ _ _ _ _ _

_ _

_ _

_ _

_ _

_ _

_ _

_ _

_ _

_ _

_ _

♥ Love,

Sketch Corner
Draw, doodle, scribble

Thank you
for letting me be a
part of your journey
- Hello Sunshine Journal

AWESOME!
YOU ARE THE BEST
You did it!
The certificate is presented to:
or spreading the POSITIVITY virus.